すっぱい料理 ● 飛田和緒

はじめに

　幼い頃から酢好き。お恥ずかしい話ですが、器にドレッシングや甘酢が残っていると、こっそり飲んでおりました。野菜の旨味が合わさって、それはそれはおいしかったのです。大人になってもその好みは変わらず、むしろ一層磨きがかかったようにも感じます。食卓にはしょうゆさしならぬ、酢さし(?)が並びます。炒め物や揚げ物、スープに酢をかける。何にでも酢を入れてしまうから、家族から嫌がられて、酢は個別にかけるようにと言われています。

　酢は加えることで、塩分をしっかり感じる効果があるように思います。加熱すると酸味は飛んで、うまみが出たり、甘みが出たり。肉や魚がやわらかくなる効果もある。こんなにいいこと尽くめなんですから、酢をおおいに使いたいものです。

　調味料の酢のほかにすっぱいの素は我が家の柑橘と毎年漬けている梅干し。越した家にレモンの木があり、実をつけるとせっせと使ううちに、レモンの魅力にもとりつかれ、近所のかたからゆずや橙をいただくと、また違った柑橘の味を知り、酢の世界が広がりました。

　梅干しは調味料としても使います。手作りですから、しっかりと塩分と酸味があるので、味つけにちょうどよいのです。梅干しの種からも味が出るので、種も捨てずにとっておくようになりました。果肉を使ったら、種は別にしておき、たまってきたら梅味のつゆを作ったり、煮物に放り込んで、さっぱりと仕上げたり。種の力は強いです。

　献立はもちろん、お弁当にも、酒の肴にも必ずすっぱいひと品を作ります。

　すっぱいが体にしみついている。すっぱいがないと物足りない。すっぱい料理がこんなに好きだったかと、あらためて思った一冊になりました。

飛田和緒

すっぱい調味料大集合

●穀物酢・米酢・赤酢・黒酢

小麦、米、コーンなどからできた穀物酢は、酸味がほかの酢と比べてまろやか。和洋中、どんな料理にもよく合います。手頃な値段なので、下ごしらえにもたっぷり使えて便利です。風味豊かな米酢は和食や酢の物に。赤酢はすし飯に。コクがある黒酢は中華にと使います。

●ワインビネガー・バルサミコ酢

ワインから作られたワインビネガーは、酸味が強いのが特徴。ドレッシングやマリネに合います。ぶどうを3〜7年熟成させて作るバルサミコ酢は、深みと甘みがあり、火を通して酸味を飛ばすことで深みや甘みが強調されます。主に洋食向きですが、しょうゆとの相性も抜群。

●梅

最近はまろやかな味の梅干しも売られていますが、我が家で作る梅干しはすっぱい梅干し。刻んでドレッシングに入れたり、ごはんと炊き込んだりと大活躍。いいうまみが出るので種も捨てません。

●柑橘類

爽やかな香りと甘酸っぱい味が特徴。甘みが強いもの、苦みが楽しめるもの、酸っぱさが強調されるものなど、柑橘によってそれぞれ特徴があるので、使い分けを楽しんでいます。和、洋だけでなくエスニック料理との相性もいいです。

もくじ

すっぱい調味料大集合　3

つけるだけ(酢×餃子)　6
かけるだけ(黒酢×野菜炒め)　7
浮かべるだけ(すだち×そうめん)　8
しぼりかけるだけ(レモン×しらすごはん)　9

本書の使い方
● レシピ中の小さじ1は5cc、大さじ1は15cc、
　1カップは200cc、米の一合は180ccです。
● 塩は基本的に、日本の天然塩を使用しています。
　甘みもあり、自然な味わいに仕上がります。
● 柑橘類や酢など、酸の強い素材を煮る際は、
　ホーローまたはガラスの鍋を使用してください。
● 酢は特に指定がなければ穀物、米、赤黒など
　好みのもので作ってください。
● 油なしで肉を焼くレシピがありますが、
　フライパンによっては油を少しなじませてください。
● 油は特に指定がなければ好みのもので作ってください。
　本書では米油や太白ごま油を使っています。
● 梅干しは塩分が12〜15%のもの、
　1個(粒)25gのものを使用しています。
● 卵はMサイズ程度の大きさの卵を使用しています。
● 電子レンジは500Wで使用しています。
　ご使用の電子レンジのW数に合わせ
　調理時間を調整してください。

1 和える、かける。酢を使ったすっぱい料理　10

砂肝と白髪ねぎの黒酢和え　12
もやしの酢からし和え　13
二杯酢・三杯酢の料理
　かんぴょうの二杯酢和え　14
　春菊、うど、しいたけの三杯酢和え　14
桃とトマトのハニービネガー和え　16
もやしとにんじんのナムル　17
甘酢きゅうり　18
きゅうりのごま酢和え　19
じゃがいものつまみサラダ　20
コールスロー　21
酢飯の料理
　酢飯の手まりずし　22
　酢飯の巻きずし　24
　酢飯のまぜずし　25
かにときゅうりとトマトのところてんサラダ　26
黄身酢だれで作るあさりとわけぎのぬた　27
切り干し、にんじん、らっきょう漬けのサラダ　28
しゃぶしゃぶ肉のサラダ　29
豚肉の南蛮漬け　30
ゆで卵の酢じょうゆ漬け　32
ラーパーツァイ　33
カリフラワーのピクルス　34
だいこんの黒酢漬け　35
野菜と糸昆布の酢じょうゆ漬け　36
なすの揚げ浸し　37
かぼちゃのマリネ　38
根菜マリネ　39
あじと新しょうがのマリネ　40
トマトとみょうがのマリネ　42
ガスパチョ　43

乳製品を使ったすっぱい4品　44
　かぼちゃとさつまいものヨーグルト和え
　水切りヨーグルト　きのこオイル煮のせ
　じゃがいものサワークリーム煮
　きゅうりのヨーグルトスープ

2 酢を加熱して作る すっぱい料理 46

バルサミコ味のきんぴら 48
なすのオイスター酢炒め 49
ラタトゥイユ 50
ザワークラウト風キャベツの酢煮 51
酢なめたけ 52
牛肉、セロリ、ザーサイのラー油酢和え 53
黒酢酢豚 54
豚肉の甘辛酢焼き 56
豚肉と野菜のお酢煮 57
豚肉の昆布巻き煮 58
豚オニオンしょうが焼き 59
にらレバ 60
肉団子とトマトの甘酢あんかけ 61
鶏手羽とパインの酢煮 62
スペアリブの粒マスタードとビネガー煮 63
さっぱり鶏から揚げ 64
ポークチョップ 65
揚げ鶏のねぎソースかけ 66
たまねぎのビネガー炒めのせ牛ステーキ 68
ラムシチュー 69
酸っぱくて辛いスープ 70
酢漬け白菜の台湾風鍋 71
炊き込みずし 72
黒酢チャーハン 73
黒酢焼きそば 74
ビビン麺 75

酢、梅、柑橘を使ったすっぱいドリンク4品 76
　ゆずハニー
　黒酢ミルク
　バナナラッシー
　梅炭酸

3 梅干しを使った すっぱい料理 78

乾物の梅オイル炒め 80
とうがんの梅煮 81
具沢山梅だれ 82
梅ドレッシングの油揚げサラダ 84
さんま梅煮 85
キャベツの梅昆布和え 86
梅きのこ 86
梅おかかみその白身魚焼き 88
梅らっきょうの鶏てり焼き 89
梅とんかつ 90
豚かたまり肉の梅蒸し 91
煎り酒で作るおひたし 92
梅冷汁 93
梅炊き込みごはん 94
梅つゆそば 95

4 柑橘類を使った すっぱい料理 96

アボカドレモン 98
水菜としいたけのレモンじょうゆ 99
タイ風春雨サラダ 100
生春巻き 101
きんかんとかぶのサラダ 102
オレンジと柿とにんじんのサラダ 103
豆ゆず和え 104
蒸し鶏とセロリ、じゃがいものレモンマリネ 105
生マッシュルームといんげんのグレープフルーツ和え 106
焼きなす　手作りポン酢かけ 107
たこのセビーチェ 108
ほたてとパプリカのカルパッチョ 109
すだちおろし鍋　〆は豆乳黒酢豆腐 110
牡蠣ゆず蒸し 112
たらのレモンバター焼き 113
鶏手羽のオーブン焼き 114
焼きタン 115
焼肉のゆずねぎ三つ葉和え 116
トムヤムクン風スープ 117
鶏そぼろのサルサソースのせうどん 118
レモンクリームパスタ 119

つけるだけ

酢×餃子

小皿に酢、しょうがの千切りを入れる。
餃子をちょんちょんとつけてパクッ。
肉だねにしっかりと味をつけて、
酢だけをつけて食べるのが我が家流。

黒酢×野菜炒め

キャベツ、豚肉、きくらげ、
ちょっとしょうがを効かせた炒め物に、
黒酢をさっとかける。
コクと甘みが加わり、うまみが引き立ちます。

かけるだけ

浮かべるだけ

すだち×そうめん

冷たいつゆのそうめんやそばに、
輪切りしたすだちを敷き詰めて。
柑橘には、だしの味を
きゅっと引き締める効果があります。

レモン×しらすごはん

千切りの大葉、
ちぎったのりを添えた
しらすごはんに、
レモンをしぼり入れて。
柑橘のさわやかな香りが、
大葉や海苔の風味を
うまく引き立てます。

しぼりかけるだけ

1 和える、かける。酢を使ったすっぱい料理

和える、かけるは酢が最も活躍する調理法。
普段の料理にさわやかな酸味をもたらします。

一番出番が多いのが米酢、穀物酢、
甘みがほしい時は黒酢を、
きりっとした酸味がほしい時は
ビネガーをほんの少し加えてダブル使いすることもあります。

ワインビネガーはドレッシング作りに役立ちます。
使い分けができるようになれば、ぐっと料理の幅が広がりますよ。

料理の仕上がりの色味や風味を考えながら
種類を選ぶのがポイントです。

砂肝と白髪ねぎの黒酢和え

材料 3、4人分
砂肝__300g
長ねぎ(白い部分)__1本分
ごま油__小さじ2
塩__小さじ1/4
ナンプラー__小さじ1/2
黒酢__小さじ2
粗挽き黒こしょう__適量

作り方
1 砂肝は筋があれば取り、食べやすく切る。
2 長ねぎの白い部分は4センチの長さに切り、縦に筋を入れて開いて芯を除き、千切りにして水に5分さらす(白髪ねぎに)。
3 ごま油と砂肝を合わせて中火で炒め、ほぼ火が通ったら、塩とナンプラーで味をつける。最後に黒酢を合わせて火を止め、水気をきった白髪ねぎを合わせて器に盛りつけ、黒こしょうをふる。

memo
黒酢を加えることでやわらかな酸味と甘みが加わります。米酢や穀物酢で代用する時にはさっと火を通してもOKです。

もやしの酢からし和え

材料　2、3人分
もやし__1袋(200g)
しょうゆ__小さじ1
和がらし__少々
酢__小さじ2

作り方
1　もやしはできる限りひげ根を取り、耐熱容器に入れ、ラップをふんわりとかけてレンジで5分加熱し、そのまま冷ます。
2　粗熱が冷めたらボウルにもやしを入れ、しょうゆを合わせて和え、5分おく。
3　2の水気をしぼって、和がらしと酢、しょうゆ少々(分量外)を合わせて和える。

memo
酢が入ると、ぐっとさっぱりした仕上がりに。和がらしの風味や辛味も引き立ちます。

二杯酢・三杯酢の料理

かんぴょうの二杯酢和え

春菊、うど、しいたけの三杯酢和え

●二杯酢の作り方

酢と薄口しょうゆ（濃い口でも可）を1：1で合わせる。
保存がきくので、多めに瓶に作りおきし、日々の酢のものに使う。
保存容器に入れ、冷蔵庫で2週間保存可。

かんぴょうの二杯酢和え

材料　作りやすい分量

かんぴょう(乾燥)＿＿10g
二杯酢＿＿大さじ1くらい

作り方

1　かんぴょうはさっと水洗いしてから、塩(分量外)を軽くふっても
　　む。

2　そのまま鍋に入れ、透き通ってやわらかくなるまで10分ほど
　　ゆでる。

3　ざるにとって冷まし、食べやすい長さに切り、水気をしぼって
　　二杯酢と合わせる。

memo
好みでわさびをつけたり、ゆずの皮をちらして。

●三杯酢の作り方

酢、薄口しょうゆ（濃い口でも可）、みりんを1：1：1で用意する。
小鍋にみりんを入れて火にかけ、アルコール分を飛ばしたら、火を止めて
粗熱が取れてからしょうゆ、酢を合わせる。
二杯酢同様保存がきくので多めに作りおきし、日々のおかず作りに使う。
合わせるものによっては砂糖を加えて甘めにしたり、だしで割って使う。
保存容器に入れ、冷蔵庫で2週間保存可。

春菊、うど、しいたけの三杯酢和え

材料　2、3人分

春菊＿＿1束
うど＿＿10センチ
しいたけ＿＿2枚
三杯酢＿＿大さじ2くらい

作り方

1　春菊は葉と茎に分け、茎からゆでて、葉はさっと湯通しする程
　　度に火を通してざるにとって冷ます。

2　うどは半分の長さに切り、厚めに皮をむいて短冊切りにし、酢
　　水(分量外)に5分ほど漬ける。

3　しいたけは石づきを切り落とし、かさと軸を分け、グリルパン
　　や網、フライパンでこんがりと焼く。

4　春菊は食べやすく切って水気をきり、うども水気をきる。しい
　　たけは軸とともに薄切りにし、ボウルに合わせ、三杯酢をかけ
　　て軽く和える。

memo
三杯酢にだしを合わせて30分ほど漬けておひたし風にしても
おいしいです。

和える、かける**酢**　15

桃とトマトのハニービネガー和え

材料 2、3人分
桃__1個
フルーツトマト__2個
A 塩__ふたつまみ
　　はちみつ__小さじ½
　　白ワインビネガー
　　　__小さじ1
粗挽き黒こしょう__適量

作り方
1. 桃とトマトは2センチ角くらいの大きさに切る。
2. Aを合わせて軽く和え、10分ほど冷蔵庫で冷やす。
3. 器に盛りつけ、こしょうをふる。

memo
はちみつは隠し味なので、アカシアなど癖のないもので作ります。夏のあいだはおやつとしてもよく食べます。

もやしとにんじんのナムル

材料　作りやすい分量
もやし__1袋
にんじん__⅓本
A　おろしにんにく__少々
　　赤唐がらし__½本(小口切り)
　　塩__小さじ⅓
　　ナンプラー__少々
　　ごま油__小さじ2
　　酢__小さじ1

作り方
1　もやしはひげ根をできる限り取り、にんじんは4センチの長さの細切りにする。
2　1を耐熱容器に入れ、ラップをふんわりとかけてレンジで5分加熱し、そのまま冷ます。
3　2の水気をきってボウルに入れ、Aを合わせて手で和える。

memo
酢は味つけというよりは隠し味。全体の味を引き締めてくれ、塩分を引き立てます。

甘酢きゅうり

材料 2人分
きゅうり__2本
塩__小さじ½
砂糖__小さじ1
酢__小さじ2

作り方
1 きゅうりは薄く輪切りにし、塩を合わせ、水気が出てしんなりするまでおく。
2 砂糖と酢を合わせて砂糖を溶かしておく。
3 1をきつくしぼって、2と合わせる。

memo
きゅうりをきつくしぼることで、酢と砂糖の味がよく入り、カリカリとした歯ごたえが出ます。

きゅうりのごま酢和え

材料　2、3人分
きゅうり__2本
しょうが__ひとかけ（千切り）
A｜砂糖__大さじ1
　｜しょうゆ__小さじ½
　｜酢__小さじ1と½
塩__小さじ½
黒ごま__大さじ3

作り方
1. きゅうりは洗って水がついたままな板におき、塩をふって手で転がし板ずりし、10分ほどおく。
2. ごまはフライパンまたは小鍋に入れ、火にかけて炒る。香ばしい香りが出てきたらすり鉢に入れて半ずりにする。Aを合わせて混ぜる。
3. きゅうりはしんなりしたら、麺棒でたたいてひと口大に割る。
4. 2、3としょうがを合わせて和える。

memo
きゅうりは板ずりしたあと、冷蔵庫に入れておくと冷えて一層おいしく感じます。

じゃがいものつまみサラダ

材料　2、3人分
じゃがいも__3個
アンチョビフィレ__2、3枚
A｜赤たまねぎ__¼個(薄切り)
　｜ケーパー
　｜　__大さじ1半(粗く刻む)
　｜オリーブの実
　｜　__10個(半割りにする)
赤ワインビネガー__小さじ1
塩、黒こしょう__各適量
オリーブオイル__大さじ2
ディル__適量

作り方
1　じゃがいもは一口大に切り、水からゆでる。火が通ったら、ゆで汁をすて、再び火にかけて粉ふきいもにする。
2　熱いうちにAと手でちぎったアンチョビフィレを入れ、ビネガーをふり、軽く混ぜる。
3　味をみて塩、こしょうをし、器に盛りつけ、オリーブオイルをまわしかけ、ディルを添える。

memo
ビネガーとケーパーの酸味がアクセントに。そのまま食べるほか、焼いたバケットにのせて食べたり、サンドイッチの具としても食べます。

コールスロー

材料 作りやすい分量
キャベツ＿¼個
にんじん＿¼本
ハム＿2枚
コーン(缶)＿大さじ3
A｜白ワインビネガー
　　＿小さじ2
　　オリーブオイル＿大さじ1
塩＿小さじ½

作り方
1　キャベツとにんじんは千切りにし、塩をしてしばらくおく。
2　ハムは半分に切ってから細切りにする。
3　1の水気をしっかりしぼり、2とコーン、Aを合わせて和える。

memo
マヨネーズで和えるコールスローもいいですが、塩とビネガー、オイルだけのあっさりとした味つけも好きです。ビネガーの酸味が強い場合はほんの少し砂糖を加えることもあります。

酢飯の料理

酢飯

材料　3合分
米＿3合
昆布＿10センチ角
砂糖＿大さじ3
塩＿小さじ1
酢＿大さじ5

作り方
1. 米は研いでふだん通りの水加減に昆布を入れて炊く。
2. 飯台、または大きめのボウルに昆布を除いた1を入れ、砂糖、塩、酢を直接入れて切るように混ぜる。
3. 混ざったら、うちわであおぎ、粗熱を取る。

memo
すし酢を前もって合わせておくのが丁寧ですが、炊きたてのごはんなら、砂糖も塩もすぐになじみますので、このように作ってもまったく問題なし。ただ心配なら、どうぞすし酢を作ってから合わせてくださいね。除いた昆布はP25で使用。

酢飯の手まりずし

材料　2、3人分
酢飯＿400g
サーモン＿50g
貝割れ菜＿1パック80g
けずりぶし＿少々
菊の酢漬け＿適量

作り方
1. ラップにサーモンをのせ、その上に大さじ2くらいの酢飯をのせて、ラップをむすび、形をととのえる。
2. 貝割れ菜は根を切り、さっと湯通しする。1と同様にラップで包む。ラップをはずし、器に盛りつけ、けずりぶしをあしらう。
3. 菊の酢漬けは汁気をきってから同様に包む。
4. 食べる直前にラップをはずして器に並べる。

memo
手まりずしの具材は好みのものを。刺身で包む場合は薄く切ったほうが包みやすいです。干ししいたけを甘辛く煮たもの、錦糸卵、ゆでえびなどもおすすめです。

●菊の酢漬け

材料　作りやすい分量
食用菊＿1パック(約80g)
酢＿大さじ3
砂糖＿大さじ2半
塩＿小さじ1/3

作り方
1. 菊の花びらはがくからはずして水に放して洗う。
2. 熱湯に酢と塩少々(分量外)を入れ、花びらを入れてさっとゆで、水に再び放す。
3. ざるにあげて水気をきっておく。
4. 酢、砂糖、塩を合わせて甘酢を作る。
5. 水気をしっかりとしぼった菊を容器に入れ、甘酢をそそぎ、ひと晩おく。

memo
焼き魚のつけ合わせにしたり、お酒の肴にも。保存容器に入れ、冷蔵庫で1ヶ月ほど保存可。

酢飯の巻きずし

材料　2本分
まぐろ＿刺身6枚
酢飯＿500gくらい
たくあん＿10枚(薄切り)
しそ＿3枚
炒り白ごま＿少々
海苔全形＿2枚
好みでわさび＿適量

作り方

1　まぐろは細長く半分に切る。たくあんは重ねて端から細く切る。しそは縦に半分に切る。

2　巻き簾の上に海苔1枚を横長におき、奥を3センチほど空けて、酢飯の半量を平らにならす。

3　真ん中よりやや手前に好みでわさびを塗り、まぐろ、たくわん、しその半量を均一に横長において、炒り白ごまをふり、手前からきつめにいっきに巻く。

4　5分ほどおいてからぬれぶきんで包丁をふきながら、適当な幅に切る。

memo
まぐろは好みですが、中トロか、ねぎトロ用にたたいたものなど、多少脂がのったもののほうがたくあんと合います。わさびはしょうゆと合わせてつけながら食べても。

酢飯のまぜずし

材料　2人分
焼きあなご＿1枚
酢飯＿500gくらい
きゅうり＿1本
みょうが＿1個
炒り白ごま＿大さじ1
P23の昆布＿適量

作り方
1. きゅうりは薄輪切りにし、塩小さじ1/4（分量外）をふって10分おき、しんなりとしたらきつく水気をしぼる。焼きあなごは、冷たい場合はホイルに包んでフライパンやグリルで温め、1センチ幅に切る。みょうがは縦半分に切ってから小口から薄く切る。昆布は粗く刻む。
2. 酢飯に1、炒り白ごまを混ぜる。

memo
酢飯は粗熱が取れたくらいのやや温かなうちに混ぜること。冷めていると混ぜにくくなります。混ぜずしのときは今回の焼きあなごのように味だしになる具材がひとつ入ると味がまとまります。ほかにじゃこや、焼いてほぐした干物などでも。

かにときゅうりとトマトの
ところてんサラダ

材料　2人分
かに足＿3本
ところてん＿1パック
きゅうり＿1本
トマト＿1個
二杯酢＿大さじ2〜3（P14参照）
ごま油＿小さじ2
炒り白ごま＿適量

作り方

1. ところてんは水気をしっかりきっておく。
2. きゅうりは薄輪切りにし、塩（分量外）を軽くふっておき、しぼる。トマトはざく切り、かに足は軽くほぐす。
3. 器に1、2を盛りつけ、二杯酢をかけ、ごま油をまわしかける。炒り白ごまをふる。

memo
具だくさんなところてんだと思ってください。レタスの千切りや錦糸卵、海苔、わかめなどが入ることもあります。好みで和がらしを添えても。

●黄身酢だれ

材料　作りやすい分量
白みそ__150g
卵黄__1個
酢、砂糖、みりん、酒__各大さじ1

作り方
1. 小鍋に材料を合わせて、まずよく混ぜておき、弱火にかけながらよく練り合わせる。
2. 火が通ってくると全体にやわらかくゆるんでくる。照りが出てきたら火を止め冷ます。

memo
黄身酢は容器に入れて冷蔵庫で1週間保存可。ぬたのほか、刺身やゆでえび、スティック野菜につけて食べます。あさりとわけぎに限らず、ゆで野菜と和えて日々のおかずに使います。

黄身酢だれで作る あさりとわけぎのぬた

材料　2人分
あさりむき身__100g
わけぎ__2本
黄身酢だれ__適量

作り方
1. わけぎはゆで鍋に入る長さに切り、ゆでる。同じゆで汁であさりをさっとゆで、ざるにとって冷ます。（ゆで汁はあさりのだしが出ているので、みそ汁やスープなど汁物に使う。）
2. わけぎは包丁の背でしごいて芯にあるゼリー状の粘りを取り除き、食べやすく切る。
3. わけぎとあさりをボウルに入れ、黄身酢だれを適量合わせて軽く和える。

切り干し、にんじん、らっきょう漬けのサラダ

材料 2、3人分
切り干しだいこん__30g
にんじん__1/2本
らっきょう漬け__大2〜3個
A │ 薄口しょうゆ　または
　│ 　ナンプラー__小さじ1〜2
　│ 酢__小さじ1〜2
　│ オリーブオイル__大さじ1
塩__小さじ1/2

作り方
1. 切り干しだいこんは水で戻し、軽く水気をしぼる。長い場合は切る。
2. にんじんは千切りにし、塩をしてしんなりとさせる。食べて塩気が強い場合はさっと水洗いし、ちょうどいい場合はそのまま汁気をきらずにおく。
3. らっきょう漬けは薄切りにする。
4. 1、2、3をボウルに合わせ、Aで和える。

memo
にんじんから出る汁も調味料としますので、あとから加えるしょうゆは加減してながら加えます。にんじんの汁が切り干しに含み、味がしっかりと入ります。酢は酸味をつけるより、三つの具材のつなぎ役に。

しゃぶしゃぶ肉のサラダ

材料　2人分
牛しゃぶしゃぶ肉
　　6枚(160gくらい)
ミディトマト　5個
香菜　1〜2株
A｜紫たまねぎ　¼個(薄切り)
　｜ナンプラー　小さじ½
　｜塩　小さじ¼
　｜白ワインビネガー
　｜　小さじ1
　｜レモン汁　½個
にんにく　小ひとかけ(薄切り)
アーモンドオイル　大さじ2
　(なければ香りのよいオリーブオイルや
　ごま油で代用)

作り方
1　トマトは一口大に切り、Aを合わせて和え、冷やしておく。
2　湯を沸騰させて1分ほど火を止めてから、牛肉を広げて入れ、肉の色が変わったらペーパーにのせて水気をきる。
3　にんにくとアーモンドオイルを合わせて弱火にかけてニンニクが香ばしくなるまで加熱する。
4　香菜は茎ごと刻む。
5　器に肉をのせ、1を汁ごとたっぷりとのせて、3、4をかけ、混ぜて食べる。

memo
トマトと白ワインビネガーを合わせてしばらくおくとトマトからうまみが出ます。肉とトマトのたれをよく混ぜて食べます。

豚肉の南蛮漬け

材料　2人分

豚ヒレまたはロース肉＿ 300g

たまねぎ＿½個（薄切り）

セロリ茎部分＿½本（千切り）

ピーマン（黄）＿1個（千切り）

A｜しょうゆ＿大さじ1半
　｜酢、砂糖＿各大さじ1
　｜だし＿大さじ2
　｜塩＿ふたつまみ
　｜赤唐がらし＿1本（小口切り）

塩、こしょう＿各適量

片栗粉＿適量

揚げ油＿適量

作り方

1 大きめのバットまたはボウルに切った野菜を入れる。Aは混ぜ
　ておき南蛮だれにする。

2 豚肉は一口大に切る。

3 豚肉に塩、こしょうをして片栗粉を薄くつけて、170度の油で
　揚げ、1のバットに入れる。

4 南蛮だれをまわしかけ、5分ほどおいて、軽く混ぜる。

memo

豚肉のほか、鶏肉や小あじ、しこいわし、わかさぎなどの唐揚
げを南蛮だれにつけてもおいしいです。甘酢しょうゆに唐揚げ
の脂が加わると、たれがなめらかになり、酸味のとんがりが消
えるような気がします。

ゆで卵の酢じょうゆ漬け

材料　作りやすい分量
うずら卵__4個
卵__4個
しょうゆ、酢__各大さじ1

作り方

1. うずら卵は水からゆでて、10分。卵は沸騰したところへ入れて8分ゆで、それぞれ冷水にとって殻をむく。
2. 容器またはビニールの袋に1を入れ、調味料を合わせて、冷蔵庫で1時間ほど漬ける。

memo
ときどき、卵をころがすと全体に色よく漬かります。酢としょうゆの組み合わせは燻製した味わいに仕上がり、気に入っています。

ラーパーツァイ

材料 作りやすい分量
白菜__1/8個
しょうが__ひとかけ（千切り）
塩__小さじ1/2
酢、砂糖__各大さじ3
ごま油__大さじ2
ホワジャン__小さじ1

作り方
1. 白菜は軸は細切り、葉は食べやすい大きさに切り、塩を混ぜてしばらくおき、しんなりとしたら水気をしぼる。
2. しょうが、酢と砂糖を和えて耐熱のボウルまたは容器に入れる。
3. ごま油とホワジャンを小鍋または小さなフライパンに入れてけむりが出るまで熱し、2にかけ、1時間ほどおいて味を含ませる。

memo
保存容器に入れれば、冷蔵庫で1週間は保存可。香りのよいホワジャンは甘酢と好相性ですが、なくてもおいしくできます。

カリフラワーのピクルス

材料 作りやすい分量

カリフラワー__1個

A │ 白ワインビネガー、水
  │ __各½カップ
  │ 砂糖__小さじ2
  │ 塩__小さじ1
  │ 月桂樹の葉__1～2枚

作り方

1. カリフラワーは小房に分け、大きいものは半分に切る。
2. 鍋にピクルス液となるAを合わせて沸騰させ、火を止める。
3. 耐熱の容器にカリフラワーを入れ、ピクルス液が熱いうちに合わせて、一晩おく。

memo
ピクルス液が熱いうちに生のカリフラワーと合わせることでよく味がなじみます。白ワインビネガーの代わりに酢で作っても。酸味の具合で砂糖の量を調整します。冷蔵庫で一週間ほど保存可。

だいこんの黒酢漬け

材料　作りやすい分量
だいこん__1/3カット(500g)
A｜塩__小さじ1
　｜黒酢__大さじ2
　｜砂糖__小さじ1
　｜ホワジャン__適量
粗挽き黒こしょう__適量

作り方
1. だいこんは皮を厚めにむき、5ミリ角4センチの長さに切る。
2. Aを合わせて、軽く重しをしてしっかりと水気で出て、だいこんが色づくまで2時間ほど漬ける。
3. 器に盛りつけ、こしょうをふる。

memo
だいこんに黒酢の色がよく染み込んだら食べ頃です。保存容器に入れて冷蔵庫で3日ほど保存可。

● 麺つゆ

材料と作り方　1カップ半
みりん大さじ2を煮きり、しょうゆ大さじ2と砂糖小さじ½を加え、野菜と合わせる時にだし1カップ¼を加える。

memo
保存は冷蔵庫で3日ほど。麺つゆは市販のものでもOK。

野菜と糸昆布の酢じょうゆ漬け

材料　作りやすい分量

ピーマン(赤)＿2個　　糸昆布＿10グラム(または昆布をハサミで
セロリ＿½本　　　　　　食べやすく細切りにする)
きゅうり＿1本　　　　酢＿大さじ2
新しょうが＿20g　　　麺つゆ＿1カップくらい

作り方

1. 野菜はすべてやや長めの千切りにする。
2. 保存容器に1と糸昆布を入れ、麺つゆをひたひたよりやや少なめに注ぎ、酢を加え、ときどき返しながら1時間ほど漬ける。
3. 昆布がやわらかくなり、野菜がしんなりとしたら出来上がり。

なすの揚げ浸し

材料　2人分
なす__3本
だし__½カップ
しょうゆ、みりん__各大さじ1
酢__小さじ2
塩__少々
揚げ油__適量

作り方

1. なすは皮を縞模様にむいてから、一口大に切り、5分ほど水にさらしておく。
2. だしにしょうゆとみりんを合わせて煮立たせ、火を止めてから酢を入れ、塩でととのえる。バットまたはボウルに入れておく。
3. なすの水気をよくふき取り、170度の油で素揚げする。切り口の部分が色づいてきたら、引き上げ、2に入れる。
4. ときどき返しながら、20分ほど漬けて全体に味を含ませる。

memo
ここでの酢は黒酢でもビネガーでも。漬けたての味も、一晩くらい漬けおいたしっかりと味がしみたものもどちらもそれぞれおいしいです。夏場のそうめんのつけ合わせによく作ります。

かぼちゃのマリネ

材料　2人分
かぼちゃ__1/8個
にんにく__ひとかけ
オリーブオイル__大さじ2
A｜白ワインビネガー
　　__大さじ3
　｜砂糖__小さじ1
　｜塩__小さじ1/2
　｜黒こしょう__少々
イタリアンパセリ
　__適量（粗く刻む）

作り方
1　かぼちゃはわたと種を除いて、1センチ幅に切ってから、2〜3等分に切る。にんにくは薄切りにする。
2　フライパンにオリーブオイルと、にんにく、かぼちゃを入れて弱めの中火にかけて焼く。にんにくが先にこんがりとしてきたら取り出す。かぼちゃはじっくりと両面を焼く。
3　バットにAを合わせておき、焼けたかぼちゃを合わせる。
4　30分ほどおいて、途中何度かかぼちゃを返しながら味をなじませ、器に盛りつけ、にんにくと刻んだパセリを散らす。

memo
甘いかぼちゃの味と酸味がよく合います。ビネガーの代わりに酢で代用しても。かぼちゃはマリネすると崩れる時があるので、あまり小さく切らずに作ったほうがやりやすいです。

根菜マリネ

材料 作りやすい分量
れんこん＿1節(100g)
かぶ＿2個
A｜ 白ワインビネガー＿大さじ3
　　砂糖＿大さじ1
　　塩＿適量
　　オリーブオイル＿大さじ2

作り方
1. れんこんは皮をむいてスライサーで薄く切り出し、水に5分ほど漬けてから、熱湯で透き通るまでゆで、ざるにとって冷ます。
2. かぶも同様にスライサーで切り出し、塩小さじ1/3を合わせてしんなりとするまでおく。
3. Aを合わせ、れんこんと、水気をしぼったかぶを合わせて和え、30分ほどおく。

memo
洋風なますといったところ。保存容器に入れて冷蔵庫で3〜4日保存可。焼肉のつけ合わせや、蒸し鶏と合わせて食べるのも好きです。

あじと新しょうがのマリネ

材料　2人分
あじ＿2尾
新しょうが＿ふたかけ
酢＿大さじ1
砂糖＿小さじ2
塩＿ふたつまみ

作り方

1　あじは3枚におろし、皮つきのまま、塩(分量外)小さじ⅓をふり、30分おく。

2　新しょうがは皮ごと薄切りにし、さっとゆで、ざるに広げて水気をきる。食べてみて辛味が強い場合は二度ほどゆでこぼす。

3　酢、砂糖、塩を合わせたところに2を漬ける。

4　1を酢(分量外)大さじ1にくぐらせて、1時間おく。

5　あじの皮をひいて、一口大に削ぎ切りにし、3と合わせる。

memo
あじを酢でしめたことで青魚独特の匂いが取れ、食べやすくなります。新しょうがは甘酢に漬けるとほんのりピンク色に染まり、美しくなります。

トマトとみょうがのマリネ

材料　2人分
フルーツトマト__3個
みょうが__2個
A｜酢、砂糖__各小さじ2
　｜塩__小さじ⅓
オリーブオイル__大さじ1半

作り方
1. トマトは八等分のくし切りにし、塩ふたつまみ(分量外)とオリーブオイルで和えて冷蔵庫で冷やす。
2. みょうがは縦半分に切ってから縦に薄切りにし、Aを和えておく。
3. みょうががしんなりとしたら、トマトと合わせる。

memo
みょうがを前もって甘酢に合わせることで、みょうが特有のとんがった辛味が取れ、風味がよくなります。

ガスパチョ

材料　作りやすい分量

A ┃ トマト__大1個(300g)
　┃ きゅうり__½本
　┃ ピーマン__½個
　┃ たまねぎ
　┃ 　__少々（薄切り一枚分くらい）
　┃ にんにく__少々
　┃ 薄切りパン__½枚

塩__小さじ⅓
白ワインビネガー__小さじ1半
好みでオリーブオイル__適量

作り方

1　Aをざく切りにし、きゅうりは、飾りに細かく切ったもの少しを別にしておく。ミキサーまたはハンドミキサーにセットし、攪拌する。もし水分が少なく回らない場合は少しだしや水を合わせて攪拌する。

2　必ず味見をしてから塩と白ワインビネガーでととのえる。好みでオリーブオイルを加える。

memo
最後に加える白ワインビネガーで、野菜の味がしまります。

乳製品を使ったすっぱい4品

●かぼちゃとさつまいもの ヨーグルト和え

材料　3、4人分
かぼちゃ、さつまいも＿＿各200g
たまねぎ＿＿¼個
ドライプルーン＿＿3、4個（粗く刻む）
無糖ヨーグルト＿＿大さじ4
マヨネーズ＿＿大さじ2
塩＿＿適量
黒こしょう＿＿少々

作り方
1. かぼちゃはわたと種をのぞいて、皮はところどころむき、1センチ角に切る。さつまいもは皮つきのまま同じように切り、水に5分ほどさらす。
2. 耐熱のバットにペーパーを敷き、かぼちゃと水気をきったさつまいもを入れて平らにならし、ラップをふんわりとかけてレンジで5分加熱する。食べてみてかたいようなら、あと2、3分加熱する。
3. たまねぎは7、8ミリ角に切り、2が熱いうちに合わせておく。
4. 大きめのボウルに無糖ヨーグルトとマヨネーズを合わせ、味をみて塩でととのえ、2、3、ドライプルーンを和え、15分ほどおいて味をなじませ、黒こしょうをふる。

●水切りヨーグルト きのこオイル煮のせ

材料　作りやすい分量
パン＿＿適量（食パン、バゲットなど）
きのこ＿＿合わせて300g（しいたけ、しめじ、エリンギなど）
無糖ヨーグルト＿＿1カップ
オリーブオイル＿＿大さじ2
にんにく＿＿ひとかけ（みじん切り）
塩＿＿小さじ½〜1
こしょう＿＿適量

作り方
1. 小さめのざるにペーパーをのせて、無糖ヨーグルトを入れ、水をうけるボウルなどにのせて、一晩冷蔵庫に入れて水切りする。意外と水気が出るので注意する。
2. きのこは粗みじん切りにする。
3. 鍋にオリーブオイルとにんにくを合わせて弱めの中火にかけ、にんにくが香ばしくなったらきのこを入れて炒める。
4. ねっとりとしてきたら、塩でととのえ、粗熱を取る。
5. トーストしたパンを食べやすく切り、水切りヨーグルトを塗り、きのこをのせ、こしょうをふる。

ヨーグルトやサワークリームなどの乳製品もすっぱい料理に欠かせません。

● じゃがいものサワークリーム煮

材料　2、3人分
じゃがいも（メイクイン）＿2個
にんにく＿ひとかけ（みじん切り）
オリーブオイル＿大さじ2
サワークリーム＿2/3カップくらい
塩＿小さじ1/3
刻みパセリ＿大さじ1

作り方
1. じゃがいもは皮をむいて2センチ幅の輪切りにし、固めにゆでる。
2. フライパンににんにくと1、オリーブオイルを入れて弱火にかける。じゃがいもをこんがりと焼きつける。
3. サワークリームを合わせ、全体にからんだら、塩でととのえ、パセリをふる。

● きゅうりのヨーグルトスープ

材料　2人分
きゅうり＿1本
刻みパセリまたは香菜＿少々
無糖ヨーグルト＿2カップ
塩＿小さじ1/3
黒こしょう＿少々
クミン＿少々
オリーブオイル＿適量

作り方
1. きゅうりは薄く輪切りにし、塩をしてしばらくおき、固くしぼる。
2. 器に無糖ヨーグルトを入れ、きゅうりをのせ、パセリ、黒こしょう、クミンをふり、オリーブオイルをまわしかける。混ぜて食べる。

memo
クミンがなくてもおいしいですが、あればぜひ。

2 酢を加熱して作る
すっぱい料理

酢は加熱するとまろやかな味わいに。

バルサミコは甘みが増し、白ワインビネガーは香りが際立ちます。

肉や魚と一緒に加熱することで、

やわらかくしたり、骨離れをよくしてくれますし、

レバーやラムなどの臭み消しにもなります。

おなじみのきんぴらや煮物は、

後味がすっきりし、塩味が優しくなります。

唐揚げの下味に酢を加えると、少ない塩でもしっかりと味がつきます。

酢は加熱料理との相性も抜群なのです。

バルサミコ味のきんぴら

材料　作りやすい分量
ごぼう__1本(約200g)
オリーブオイル__大さじ1
砂糖、酒、しょうゆ
　__各大さじ1半
バルサミコ酢__大さじ1

作り方
1. ごぼうはマッチ棒くらいの大きさに切り、水に5分ほど漬けてアク抜きし、ざるにあげて水気をきる。
2. オリーブオイルを温め、ごぼうを炒める。全体にオイルがよくからんだら、砂糖、酒を入れてひと炒めし、しょうゆを合わせる。
3. 汁気がなくなるまでよく炒め、ごぼうに火が通ったら、バルサミコ酢を合わせてひと炒めする。

memo
バルサミコ酢は火が入ると甘みが出ますので、すっぱいきんぴらにはなりません。バルサミコの代わりに黒酢で作っても美味。黒酢の場合も甘みが出ますが、やや酸味も感じる仕上がりになります。冷蔵庫で5日間ほど保存可。

なすのオイスター酢炒め

材料　2人分
なす__2本
長ねぎ__1/2本(みじん切り)
しょうが__3枚(薄輪切り)
A｜オイスターソース、紹興酒、
　　黒酢__各大さじ1
ごま油__大さじ1

作り方
1. なすは縦六等分に切り、5分水にさらす。
2. ごま油で水気をふいたなすを焼きつけ、取り出す。
3. 残り油で長ねぎとしょうがを炒める。Aを合わせ、なすを戻してからめる。

memo
紹興酒と黒酢が入ると、香りのよい炒め物に。素材がなすだけというシンプル炒め物だから、そのよさがよくわかります。

ラタトゥイユ

材料　作りやすい分量

なす__2本
ズッキーニ__1本
パプリカ(赤・黄)__各½個
かぼちゃ__⅛個
トマト__4個
にんにく__ひとかけ(つぶす)
オリーブオイル__大さじ4
塩__小さじ½〜1
ビネガー__小さじ2

作り方

1. 野菜はすべて大きめの一口大に切る。
2. 厚手でふたのしまる鍋に、オリーブオイルとにんにくを入れ、弱めの中火にかける。
3. にんにくが香ばしくなってきたら、トマト以外の野菜を入れ、軽く炒める。
4. 全体にオリーブオイルが回ったら、トマトを入れ、ふたをして蒸し煮にする。
5. 15分くらいしたら、一度ふたを取り、ひと混ぜして10分さらに煮る。
6. しっとりと煮えたら、塩とビネガーで味をととのえる。

memo
トマトの酸味は煮ることでうまみに変わり、ビネガーは火が通ると、酸味が軽やかになります。

ザワークラウト風キャベツの酢煮

材料 作りやすい分量

ソーセージ＿4～5本
キャベツ＿1個
りんご(あれば紅玉)＿1個
A｜酢＿大さじ3
　｜砂糖＿小さじ2
　｜クミン、ローリエ＿各適量
塩＿適量

作り方

1. キャベツは細切りにし、重さの2.5パーセントの塩を合わせて軽く混ぜてしばらくおく。
2. 1がしんなりとして水気が出たら軽くきる。
3. 厚手の鍋に2、Aを加えて、ふたをして15分ほど蒸し煮にする。
4. ソーセージと細切りにしたりんごを加えてさらに10分煮る。

memo
ソーセージの代わりにかたまりベーコンや塩豚でも。パンにはさんで食べるのもおすすめです。保存容器に入れて冷蔵庫で3日保存可。

酢なめたけ

材料 作りやすい分量
えのきだけ__大1袋(200g)
A｜黒酢、酒、しょうゆ
　　__各大さじ1
　｜砂糖__小さじ1

作り方
1. えのきだけは半分の長さに切り、軽くほぐす。
2. 鍋に1、A、大さじ2の水(分量外)を合わせて弱めの中火にかける。
3. 炒りつけるうちに、えのきだけからも水気が出てくるので、その汁気がなくなるまで炒る。

memo
白いごはんがすすむおかずなので、多めに作って常備菜にしています。保存容器に入れ、冷蔵庫で5日間ほど保存可。

牛肉、セロリ、ザーサイの
ラー油酢和え

材料　2人分
牛ステーキ肉＿1枚（約120g）
セロリ＿1/2本
味つけザーサイ＿30g
塩、こしょう＿適量
酢＿小さじ2
ラー油＿適量

作り方
1. 肉は常温において脂をやわらかくしてから軽く塩、こしょうをし、油なしでフライパンで両面をこんがりと焼き、取り出したらすぐに切らずにそのまま肉汁を落ち着かせる。
2. セロリは筋をとって斜め薄切りに。ザーサイは細く刻む。
3. 肉を薄くそぎ切りにし、2と塩ふたつまみ、酢、ラー油を好みで入れ、和える。

memo
ザーサイの塩気があるので塩は控えめに。和えたても、時間をおいてしっとりしたところを食べてもおいしいです。

黒酢酢豚

材料　2人分

豚ロース薄切り肉＿200g
なす＿1本
かぼちゃ＿⅛個
れんこん＿80g
A｜しょうが
　　＿半かけ(すりおろし)
　｜酒、しょうゆ＿各小さじ2
B｜水＿120mℓ
　｜砂糖(できればざらめ)
　　＿大さじ2
　｜しょうゆ＿大さじ1半
　｜塩＿小さじ¼
黒酢＿大さじ4
片栗粉＿適量
揚げ油＿適量

作り方

1　豚肉にAで下味をつけておく。

2　野菜は一口大に切る。なすとれんこんは5分ほど水にさらす。

3　鍋にBを合わせて煮立たせ、黒酢を合わせ、同量の水で溶いた水溶き片栗粉でとろみをつけておく。

4　まず野菜を素揚げする。水気をよくふき取り、170度で揚げ、油をきっておく。

5　続いて肉を揚げる。1に片栗粉(大さじ1)をまぶして、一口大に手でぎゅっと握り、170度の油で揚げ、油をきる。

6　3のあんを温めなおし、4、5を加え、軽く和える。

memo
黒酢あんには、甘いかぼちゃや歯ごたえのあるれんこんなどが合います。

豚肉の甘辛酢焼き

材料　2人分
豚しょうが焼き用肉__6枚
サラダ菜__適量
片栗粉__適量
酒、砂糖、しょうゆ、酢
　__各大さじ1
油__小さじ2〜3

作り方
1. 豚肉は一枚ずつ広げて片栗粉をまぶす。
2. 調味料は合わせておく。
3. 油で肉を焼く。焼けたら取り出し、次々に焼く。
4. すべて焼けたら、戻して調味料を合わせてよく絡める。サラダ菜を添えて盛りつける。

memo
いつもの甘辛い焼肉にも酢を入れることで、甘辛い味はそのままで、後味がさっぱりとよくなります。野菜も切って一緒に炒めて、肉野菜炒めにしてもおいしいです。

豚肉と野菜のお酢煮

材料　2〜3人分

豚肩ロース厚切り肉＿2枚
パプリカ(赤・黄)＿各1/2個
きゅうり＿2本
たまねぎ＿1/2個(薄切り)
セロリ＿1/3本
セロリの葉＿少々(ざく切り)
A｜水＿1/4カップ
　｜酢＿1/4カップ
塩、こしょう＿適量
にんにく＿ひとかけ(薄切り)
オリーブオイル＿大さじ2
小麦粉＿適量
白ワイン＿1/4カップ

作り方

1. 肉は2センチ幅に切り、塩小さじ1/3、こしょう少々をする。
2. パプリカは一口大、きゅうりは縦に切り、中の種を取り、一口大に切る。セロリは筋を取り、4センチの長さの薄切りにする。
3. 厚手でふたのしまる鍋ににんにく、たまねぎを入れ、オリーブオイルを合わせて弱めの中火で炒める。
4. しんなりとしてきたら、鍋の端に寄せて、小麦粉を薄くつけた1の肉を合わせて焼きつける。
5. 白ワインを合わせて5分ほど煮詰める。
6. パプリカ、セロリ、きゅうりとAを合わせてふたをして中火で10分ほど煮て、塩で味をととのえる。

memo
白ワインをしっかりと煮詰めて酸味を飛ばしておくことがポイントです。酢を入れることで豚肉がやわらかくしっとりと仕上がります。

豚肉の昆布巻き煮

材料　作りやすい分量

豚薄切り肉（部位は好み）__200g
日高昆布__2〜3枚くらい（8g）
かんぴょう__5g
かつおだし__1カップ
酢__小さじ2
しょうゆ__大さじ3
砂糖__大さじ2

作り方

1. 昆布は水につけてやわらかく戻し、5×10センチくらいの大きさに切り出す。戻し汁はとっておく。
2. かんぴょうはさっと水洗いし、塩（分量外）をふり、もんでから、そのまま透き通るまでゆでる。
3. 肉を昆布にのせて端からクルクルときつめに巻き、2のかんぴょうで巻いてむすぶ。かんぴょうの代わりに楊枝で止めてもよい。
4. 鍋に3を重ならないように並べて、かつおだしと、1の昆布の戻し汁1カップ半を合わせて、強めの中火にかける。
5. ふつふつしてきたら紙蓋をして弱火にして20分煮る。
6. 酢を加えて10分、しょうゆと砂糖を加えて10分煮て、煮汁が多い時にはふたをとって煮詰める。そのまま鍋中で冷ましながら味を含める。

memo
保存容器に入れ、冷蔵庫で4日ほど保存可能。豚肉の部位によっては脂が固まるので、常温におくか、軽く温めてから食べます。酢を入れることで、昆布がやわらかく煮上がります。

豚オニオンしょうが焼き

材料 2人分
豚肩ロース厚切り肉__2枚
たまねぎ
　__1個(輪切り。うち¼はAに使う)
A｜たまねぎ__¼個(すりおろし)
　｜しょうが
　｜　__ひとかけ(すりおろし)
　｜酢__小さじ2
　｜しょうゆ、オイスターソース
　｜　__各大さじ½
　｜酒、みりん__各大さじ1
油__大さじ1

作り方
1. Aを合わせておく。
2. たまねぎを輪切りにしてほぐす。肉は筋切りし、軽く塩(分量外)をふる。
3. 油で肉とたまねぎを焼き、たまねぎは取り出し、肉にAを合わせてよく煮からめる。
4. 肉を食べやすく切って器に盛りつけ、たまねぎをのせ、フライパンに残ったAをかける。

memo
しょうが焼きの味つけにも酢を入れます。冷凍してあった肉でも酢の効果か厚切り肉がパサつくこともなく、やわらかくなります。

にらレバ

材料　2人分
鶏レバー＿＿200g
にら＿＿½束
長ねぎ＿＿1本
にんにく＿＿小ひとかけ(薄切り)
A｜ナンプラー＿＿小さじ½〜1
　｜黒酢＿＿大さじ1
ごま油＿＿小さじ2
塩＿＿小さじ¼
こしょう＿＿少々

作り方
1. 鶏レバーは食べやすい大きさに切り、氷水に10分ほど漬けて血合いや汚れを取る。
2. にらは5センチの長さに、ねぎは斜め薄切りにする。
3. フライパンににんにくとごま油、水気をふいたレバーを入れ、中火にかけて炒める。レバーの色がかわってきたら塩をふり、さらに炒める。
4. ほぼ火が通ってきたら、長ねぎ、にらの順に加えながら炒め合わせ、Aで味をととのえ、器に盛りつけこしょうをふる。

memo
黒酢が入るとレバーの独特な味わいがやわらぎ、レバー、にんにく、にらと個性豊かな具材をまとめてくれます。

肉団子とトマトの甘酢あんかけ

材料　2、3人分
トマト__2個
A | 豚ひき肉__300g
　| たまねぎ__小1/2個
　|　（80gくらい　みじん切り）
　| 塩__小さじ1/4
　| ナンプラー__小さじ2
　| 片栗粉__小さじ2
B | しょうゆ__小さじ2
　| ナンプラー__小さじ1
　| 砂糖__大さじ1/2
酢__大さじ3〜4
油__小さじ1
片栗粉__大さじ1

作り方
1　Aをボウルに合わせてよく混ぜる。
2　トマトは6等分のくし切りにする。
3　フライパンに油を入れて熱し、1を丸めて入れ、中火で焼きつける。表面に焼き色がついてきたら、水1/4カップを合わせてふたをして3分蒸し焼きにする。
4　肉団子を取り出し、汚れをふき取ってから、同じフライパンに水160ccとBを合わせてよく混ぜてから火にかける。
5　ふつふつしてきたら酢と肉団子を合わせ、片栗粉と同量の水で溶いた片栗粉でとろみをつけ、トマトを合わせてひと煮する。

memo
肉だねは混ぜたら、小さじ1ほどを小さな耐熱皿にいれて、レンジで加熱し、味を確かめてから焼くと失敗がないです。あんはあくまで甘酢なので、肉だねの味はしっかりとついていたほうがおいしいです。

鶏手羽とパインの酢煮

材料　2人分

鶏手羽先＿8本
パイナップル缶＿小1缶(115g)
A｜砂糖、黒酢、みりん
　　＿各大さじ1
　｜しょうゆ＿大さじ2
　｜塩＿ふたつまみ

作り方

1. 手羽先は一度洗って水気をふき取り、骨にそって切れ目を入れる。パイナップルは一口サイズに切る。
2. 鍋に1、A、水1カップを入れ、中火にかける。ふつふつしてきたら、ふたをして弱めの中火で20分煮る。
3. ふたをとって中火で煮汁が半分くらいになるまで煮詰める。

memo
パイナップルと黒酢のおかげか、鶏手羽が骨からほろほろと崩れるほどやわらかく煮えます。黒酢は米酢、穀物酢にかえてもOK。冷めてもおいしいので、お弁当のおかずにもよく作ります。

スペアリブの粒マスタードとビネガー煮

材料 3、4人分

スペアリブ__600g(食べやすい長さ、鍋に入る長さにカットしてもらう)
A | にんにく、しょうが__各ひとかけ(すりおろし)
　| 塩__小さじ1
B | はちみつ__小さじ1
　| 粒マスタード__大さじ3
白ワインビネガー__1/4カップ

作り方

1. 厚手のふたのしまる鍋にスペアリブを入れ、中火にかける。全体を焼きつけて、脂が出たらペーパーで吸い取る。
2. 水1カップと白ワインビネガーを入れ、ふたをして40分ほど煮て、そのまま一晩おいて冷ます。
3. 白く固まった脂を除いて、Aを入れてふたを取って再び煮る。
4. 煮汁が少なくなってきたら、Bを入れ、全体にからめるようにしてひと煮する。

memo
マスタードとビネガーの酸味が効いて、脂ののったスペアリブもあっさりと食べられます。豚のかたまり肉を大きめにカットしたものや、鶏もも肉でも作ります。

加熱する酢

さっぱり鶏から揚げ

材料 2、3人分
鶏もも肉＿2枚(400g)
A ｜ 塩＿小さじ1
　｜ 酢＿大さじ1
片栗粉、小麦粉＿各大さじ3
揚げ油＿適量

作り方
1. 鶏もも肉は洗って水気をよくふき取り、余分な脂を除いて、一口大に切る。
2. 1にAを合わせてよくなじませ、15分おく。
3. 片栗粉と小麦粉を合わせてまぶし、170度の油で揚げる。

memo
鶏肉が酢でやわらかく揚がります。酢を合わせることで塩の分量も少なめでも十分に味がしみ、減塩にもつながる効果があります。

ポークチョップ

材料 2人分
豚とんかつ用肉__2枚
にんにく__ひとかけ(つぶす)
A ｜ ケチャップ__大さじ3
　｜ 醤油__小さじ½
　｜ 砂糖__小さじ1
　｜ 酢__小さじ2
　｜ 水__¼カップ
塩、こしょう__各少々
小麦粉__大さじ1くらい
オリーブオイル__大さじ1

たまねぎ__½個
ゆでいんげん、粉ふきいも
　__各適量

作り方

1. 豚肉は筋切りをして、塩、こしょうで下味をつけ、薄く小麦粉をまぶす。たまねぎは輪切りにし、ほぐす。
2. フライパンにオリーブオイルとにんにくを入れて弱めの中火にかけ、にんにくをこんがりするまで焼きつける。
3. にんにくを取り出し、豚肉とたまねぎを中火で焼いて取り出す。
4. 1度火を止め、Aを入れ、ひと混ぜし、弱めの中火にかける。
5. ふつふつしてきたら肉を戻してよくからめ、つけ合わせの野菜とともに盛りつける。

memo
ケチャップはメーカーによって甘みや酸味が違うので、味見しながら酢を加減します。肉に粉をふって焼くと、ケチャップたれがよくからみます。

揚げ鶏のねぎソースかけ

材料　2、3人分

鶏もも肉__2枚(400g)

A｜長ねぎ
　　__1本(白い部分 粗みじん切り)
　｜たまねぎ
　　__⅓個(粗みじん切り)
　｜万能ねぎ__5本(小口切り)
　｜酢、砂糖、水__各¼カップ
　｜塩__小さじ⅓
　｜ナンプラー__少々

塩、こしょう__各適量

片栗粉、揚げ油__各適量

作り方

1　鶏肉は水洗いをし、水気をよくふき取り、余分な脂を取り除く。塩、こしょうをしておく。

2　鍋にAを合わせてひと煮する。

3　鶏肉に片栗粉をまぶして170度の油で揚げる。

4　油をよくきり、一口大に切り分けて、器に盛りつけ、3のねぎソースをかける。

---

memo

揚げたての鶏肉に、ねぎたっぷりの甘酢だれをかけます。鶏の衣がまだカリっとしている状態もいいけれど、甘酢だれがしみ混んで片栗粉の衣がしっとりとからんでいるのも好き。

材料　2人分

牛ステーキ肉＿2枚
紫たまねぎ＿1/2個
塩、粗びき黒こしょう＿適量
にんにく＿半かけ（薄切り）
ビネガー＿大さじ1
オリーブオイル＿小さじ2
マスタード＿適量

作り方

1. ステーキ肉は常温においてやわらかくし、焼く直前に塩をする。
2. たまねぎはくし切りにし、ほぐしておく。
3. オイルなしでステーキを焼く。両面こんがりと焼けたら、取り出す。
4. オリーブオイルを加えてにんにく、たまねぎを炒める。しんなりとしてきたら塩ふたつまみ、ビネガーを加える。
5. 肉を盛りつけ、粗びき黒こしょうをふり、にんにく、たまねぎを添える。好みでマスタードを添える。

memo
たまねぎのビネガー炒めがソース代わりなので、ステーキ肉はシンプルに塩だけで焼きます。赤玉ではなく、ふつうのたまねぎでももちろんOK。春の新たまねぎでもぜひ作ってみてください。

たまねぎのビネガー炒めのせ
牛ステーキ

ラムシチュー

材料　2人分

ラムチョップ__6本
たまねぎ__1/4個（粗みじん切り）
にんじん__1/2本
じゃがいも（メイクイン）__2個
塩、こしょう、小麦粉__各適量
にんにく__ひとかけ（つぶす）
オリーブオイル__大さじ1
バルサミコ酢__大さじ1
イタリアンパセリ__適量（粗く刻む）

作り方

1. ラムは冷蔵庫から出して常温におき、塩、こしょうをする。
2. にんじん、じゃがいもは一口よりやや大きめに切る。
3. 厚手でふたのしまる鍋にオイルとにんにく、たまねぎを合わせて弱火にかける。たまねぎが透き通ってきたら、肉、野菜を入れて軽く炒め、大さじ1の小麦粉をふり、さらに炒める。
4. 水3カップとバルサミコを合わせてふたをして弱めの中火で煮る。
5. 野菜が煮えたら、塩で味をととのえる。パセリを散らす。

memo
ラムは甘い味つけも合うので、バルサミコを加えます。ステーキのときにもひとふりすると風味と甘みが加わって美味。

酸っぱくて辛いスープ

材料　2、3人分
- 豚バラ薄切り肉＿60g(細切り)
- 水煮たけのこ＿80g(細切り)
- きゅうり＿1本(細切り)
- もやし＿1/2袋(100g)
- きくらげ(戻したもの)＿3枚(細切り)
- しょうが＿ひとかけ(千切り)
- ごま油＿小さじ2
- スープの素＿小さじ2
- しょうゆ＿大さじ1半
- 塩＿少々
- 黒酢＿大さじ2
- 片栗粉＿小さじ2
- ラー油、粗挽き黒こしょう
　＿各適量

作り方
1. もやしはできる限りひげ根を取る。
2. 鍋にごま油と肉を入れ、中火にかけ、炒める。
3. 肉の色が変わったら、野菜を入れ、ひと炒めし、水2カップ半を入れ、スープの素を入れて煮る。
4. 味をみて、しょうゆと塩でととのえ、最後に黒酢を入れ、同量の水で溶いた水溶き片栗粉で軽くとろみをつける。
5. 器に盛りつけ、好みでラー油や粗挽き黒こしょうをかける。

memo
黒酢を入れるとスープの味がぐっとしまります。ラー油と黒こしょうがさらにすっぱい味を引き立てて、一度食べるとやみつきになる味です。

酢漬け白菜の台湾風鍋

材料 3、4人分
白菜__1キロくらい
香菜、青梗菜__各適量
A│鶏ひき肉__300g
　│長ねぎ__1本(みじん切り)
　│塩__小さじ½
　│みそ__小さじ1
　│黒こしょう__適量
　│片栗粉__小さじ2
塩__適量
酢__大さじ4
白ねりごま、しょうゆ__各適量

作り方

1. 白菜は2センチ幅くらいに切り、白菜の3パーセントの塩と酢を合わせてビニール袋に入れ、空気をぬいて口をしぼり、一晩冷蔵庫に入れておく。
2. 肉団子となるAを混ぜ合わせる。
3. 香菜はざく切り、青梗菜は食べやすい長さに切る。白ねりごま大さじ2にしょうゆ小さじ1を合わせて混ぜ、たれを作る。
4. 鍋に水4カップを入れて沸騰させ、スプーンですくって丸めた肉団子を適量入れて煮る。肉に火が通り、鶏のだしが出たら、青梗菜、白菜の水気を軽くしぼって適量加えてさっと煮る。
5. 各自取り分け、香菜や白ねりごまたれを好みで合わせて食べる。酢漬け白菜、肉団子は適宜加えながら煮る。

memo
台湾で食べた白菜の鍋はしっかりと醗酵した漬物がたっぷりと入ったものでした。醗酵させるまでのレシピはなかなかたいへんなので、酢で漬けた白菜を鍋にしてみました。

炊き込みずし

材料　米2合分
米＿2合
干ししいたけ＿3枚
にんじん＿40g(5ミリ角)
油揚げ＿1/2枚(5ミリ角)
A｜酢＿大さじ2
　｜薄口しょうゆ＿大さじ1
　｜砂糖＿小さじ1
　｜塩＿小さじ1/4
だし＿適量
三つ葉＿適量

作り方
1. 米は研いで20分ほど水切りする。
2. 干ししいたけは水1カップで戻し、軸を除いて5ミリ角に切る。戻し汁は取っておく。
3. 炊飯器に米を入れ、しいたけの戻し汁1/2カップを入れ、だしを加えて普段通りの水加減にする。またはすし飯モードがある場合はその水加減に合わせる。
4. Aを入れてひと混ぜしてから切った具材をのせて、炊く。
5. 炊けたら、軽く混ぜて器に盛りつけ、刻んだ三つ葉をあしらう。

memo
炊き込むことで酸味が控えめな酢飯になります。干ししいたけの戻し汁をだし代わりにして炊くのがポイントです。

黒酢チャーハン

材料　2人分
卵__2個
ちりめんじゃこ__大さじ2
ごはん__お茶碗多め2杯分
長ねぎ__½本
にら__5本
油__大さじ1
塩__小さじ½
しょうゆ__小さじ1
黒酢__大さじ1

作り方

1. ごはんは冷めていたらレンジで軽く温める。
2. 卵は割りほぐし、長ねぎは小口切り、にらは2センチの長さに切る。
3. フライパンに油を熱し、長ねぎを入れて炒める。ねぎが香ばしくなってきたらごはんと塩を入れて炒める。
4. 卵液をまわしかけてさらに炒め、卵がからみ火が通ったら、ちりめんじゃことにらを入れ、周りからしょうゆ、黒酢を加えて炒め合わせる。

memo
じっくりと焼きつけるようにして炒めると香ばしく仕上がります。黒酢は最後に加えて、酸味も残した味にします。

黒酢やきそば

材料　2人分
豚薄切り肉__80g
中華蒸し麺__2玉
もやし__1袋(200g)
香菜__2～3株
塩__ふたつまみ
油__大さじ1
しょうゆ__小さじ2
黒酢__大さじ1～2

作り方
1. 豚肉は一口大に切り、塩をしておく。
2. もやしはできる限りひげ根をとり、香菜はざく切りにする。
3. 少しの油で豚肉を炒める。火が通ってきたら、もやしを入れてさっと炒め、取り出す。
4. 残りの油を足して、麺を焼く。無理にほぐさず、じっくりと両面を焼きつけていくと自然にほぐれてくる。
5. 麺がほぐれてきたら、3を戻し、混ぜながら炒め、しょうゆと黒酢で味つけし、最後に香菜を合わせて火を止める。

memo
レシピのようにシンプルな具材でも、具だくさんな焼きそばでも、酢を合わせて食べるのが大好きです。

ピピン麺

材料　2人分
たこ、ほたて、いか
　　合わせて約80g
　（すべてそろわなくても1種でもよい）
細いうどん__約160g
長ねぎ__10センチ分(みじん切り)
にんにく、しょうが
　　少々(すりおろし)
A｜ごま油__小さじ2〜3
　｜黒酢__大さじ1
　｜コチュジャン__小さじ½
　｜みそ__小さじ2
　｜砂糖__小さじ2
しょうゆ__少々
香菜__少々

作り方

1　たこ、ほたて、いかは薄切りし、ボウルに入れて、長ねぎ、にんにく、しょうが、Aを合わせて和える。味をみてしょうゆでととのえる。

2　麺をゆで、冷水で洗ってしめ、水気をよくきり、1と合わせて和える。

3　器に盛りつけ、香菜をあしらい、好みでさらに黒酢をかけて食べる。

memo
黒酢は米酢や穀物酢で代用してもOK。コチュジャンは辛みそ、ない場合は豆板醤や赤唐がらしで代用し、みそは甘めなら砂糖の量を調整。全体に甘辛い味が合うと思います。

酢、梅、柑橘を使ったすっぱいドリンク4品

● ゆずハニー

材料と作り方　1人分
ゆずのしぼり汁とはちみつを合わせ、熱湯を注ぐ。
（写真では花ゆずを使い、しぼった果実もカップに入れました。）

● 黒酢ミルク

材料と作り方　1人分
黒酢大さじ1に牛乳1カップを目安に合わせる。牛乳は冷たくても温めてもよい。しょうがのすりおろしを加えても美味。

手軽に作れるドリンクを少しだけご紹介しましょう。

● バナナラッシー

材料と作り方　2人分
ミキサーにヨーグルトと牛乳各1カップ、砂糖小さじ2〜大さじ1、バナナ1本、レモン汁¼個分を合わせて撹拌する。

● 梅炭酸

材料と作り方　1人分
グラスに梅酢小さじ1、しょうがの薄切り少しを入れ、炭酸を150ccを目安に注ぎ、軽く混ぜる。

3 梅干しを使った すっぱい料理

味に奥深さや重層感を出してくれる梅干し。

調理に使用するものは自家製、または市販のものでも
減塩ではない塩分 12 〜 15％のものがおすすめ。

塩味と酸味のバランスがよく、
ひとつの調味料として役立ちます。

煮物や焼き物との相性もよく、意外と活躍の場は多いのです。

蒸すとふっくらとろとろになる食感もやみつきに。

乾物の梅オイル炒め

材料　作りやすい分量
干ししいたけ__4枚
切り干しだいこん__8g
ひじき__10g
梅干し__1個
しょうが__ふたかけ（千切り）
酒__大さじ1
しょうゆ__適量
オリーブオイル__大さじ3

作り方
1. 干ししいたけは水に一晩つけて戻し、軸を取って薄切りにする。
2. 切り干しだいこんは水で戻し、軽く水気をしぼって食べやすい長さに切る。ひじきも水で戻し、水気をきって長いものは切る。
3. 鍋にオリーブオイルと1、2を入れて中火にかけ、炒める。全体にオイルがよくなじんだら、火を弱めてしょうがと酒、梅干しを手でつぶして種ごと入れ、果肉をへらでつぶしながらさらに炒める。
4. 梅がからんだら、味をみてしょうゆでととのえる。

memo
梅干しの種からも味が出るので、種ごと加えるのがポイント。
保存容器に入れて冷蔵庫で1週間保存可。

とうがんの梅煮

材料　2、3人分
とうがん__¼個
梅干し__1個
だし__適量
薄口しょうゆ__小さじ½〜1

作り方
1. とうがんは種とわたを除き、ピーラーで皮をむき、大きめの一口大に切る。
2. 鍋に重ならないよう1を入れ、だしをひたひたに注ぎ入れ、梅干しをつぶして種ごと加えて中火にかける。
3. ふつふつしてきたら紙ぶたをして弱めの中火で15分煮る。
4. とうがんがやわらかく煮えたら、味をみて薄口しょうゆを合わせ5分煮て、そのまま冷ましながら味を含める。

memo
とうがんのほか、れんこん、さといも、かぶ、にんじんなどでも作ります。

具沢山梅だれ

材料 作りやすい分量

おくら＿４本
みょうが＿２個
長ねぎ＿10センチ
しょうが＿ひとかけ
梅干し＿大３個
みりん、しょうゆ＿各少々

作り方

1　おくらは塩（分量外）で板ずりしてから、みょうがとともにゆでて、粗みじん切りにする。

2　しょうが、長ねぎはみじん切りにする。

3　梅干しは種をはずして、果肉をたたく。

4　1、2、3とみりん、しょうゆを混ぜ合わせる。

memo
みょうがは生のまま加えてもよいのですが、辛い場合が多々あり、ゆでるレシピにしてあります。スティック野菜につけたり、ちくわやかまぼこにつけたり、やっこにのせたり、ごはんのお供に。焼いた肉や魚のソースにもなります。

梅ドレッシングの油揚げサラダ

● 梅ドレッシング

材料　作りやすい分量
梅干し__3個
しょうゆ、みりん__各大さじ1
みりん__小さじ1
ごま油__大さじ3

作り方
梅干しは種をはずして果肉をたたき、調味料と合わせる。

memo
種も一緒に瓶の中に入れて保存します。種からも味が出るので捨てません。常温で1週間ほど保存可能。

材料　作りやすい分量
油揚げ__1枚
長ねぎ__½本
ちりめんじゃこ__大さじ2
サラダ菜__1個
梅ドレッシング__適量

作り方
1　油揚げはフライパンで両面をカリっとなるまで焼き、食べやすく切る。
2　長ねぎは小口切りにし、水にさらす。サラダ菜は葉を一枚ずつはずして、洗い、水気をきって盛りつける。
3　サラダ菜の上に油揚げをのせ、水気をきった長ねぎ、ちりめんじゃこをのせ、梅ドレッシングを適量かける。

さんま梅煮

材料　作りやすい分量

さんま__3尾
梅干し__2個
しょうが__ふたかけ（千切り）
A｜水__120cc
　｜しょうゆ、みりん、酒
　｜__各大さじ2
　｜酢__大さじ1
　｜砂糖__小さじ1
　｜昆布__10cm

作り方

1. さんまは頭と内臓を除き、半分の長さに切る。
2. さんまが重ならないように入る鍋、またはフライパンにAを合わせ、火にかけ煮立たせる。
3. さんまを並べて、軽くつぶした梅干しとしょうがを入れ、紙ぶたをして中火で10分ほど煮て、そのまま冷まして味を含める。

memo
青背の魚には梅の味が合います。いわしやあじなども同じように梅干しと一緒に煮ると、さっぱりと煮上がり食べやすくなります。保存容器に入れ、冷蔵庫で3〜4日保存可能。

キャベツの梅昆布和え

梅きのこ

キャベツの梅昆布和え

材料 2人分

キャベツ__4枚
梅干し__1個
塩__ふたつまみ
みりん__小さじ1
塩昆布__ふたつまみ（細切り）

作り方

1 キャベツは手で一口大にちぎり、塩をまぶす。
2 梅干しはたたいてみりんと合わせておく。
3 ボウルに1、2と塩昆布を入れ、手で和える。好みでごま油（分量外）をかけてもおいしい。

memo
キャベツは塩で和えますが、しんなりとさせるまでは時間をおかずに、パリパリっとした食感を残します。すぐに出来上がるので、もう一品ほしい時、箸休めやつまみにと、よく家族からリクエストがあります。

梅きのこ

材料 作りやすい分量

しめじ__1パック
梅干し__1個
薄口しょうゆ__少々

作り方

1 しめじは小房に分けて、ゆでて、水気をきっておく。
2 梅干しは種をはずして果肉をたたく。
3 1、2を混ぜ、薄口しょうゆで味をととのえる。

memo
我が家の定番常備菜。こういう小さなおかずを作っておくと日々の献立に役立ちますし、酸味のおかずは傷みにくいので、お弁当にも便利です。保存容器に入れ、冷蔵庫で4日間ほど保存可。

梅おかかみその白身魚焼き

材料　2人分
生だらの切り身＿2切れ
梅干し＿1個
A｜みそ、みりん＿各大さじ1
　｜けずりぶし＿2g
塩＿適量
ししとうがらし＿適量

作り方
1. 生だらに軽く塩をして10分ほどおき、表面の水気をしっかりふき取る。
2. 梅干しは種を除いて果肉をたたき、Aを混ぜる。
3. たらはさかなグリルやトースターで5分焼く。途中たらに2をのせ、さらに2〜3分焼く。ししとうも一緒に焼く。

memo
梅おかかみそはおむすびの具にもします。梅干しの味によって、みそとみりんの量は調整してください。たらのほか鯛、さわら、目鯛、スズキなどで作ります。

梅らっきょうの鶏てり焼き

材料　2人分
鶏もも肉＿300g
たまねぎ＿1/2個(みじん切り)
らっきょう漬け
　＿大5個(約50g、みじん切り)
梅干し＿1個(果肉をたたく)
塩＿小さじ1/2
油＿小さじ1

作り方
1. 鶏肉はさっと水洗いして水気をふき取り、余分な脂を取り、塩をまぶす。
2. 油なしで皮目から焼く。皮がかりっと焼けたら返して、両面焼いて取り出す。
3. 油を加えてたまねぎ、らっきょうを炒める。全体に油がなじんだら、梅干しを加えてさっと炒める。
4. 鶏肉を一口大に切って盛りつけ、3をのせる。

memo
梅干しとらっきょうの酸味のきいた薬味をたっぷりとのせて食べます。梅とらっきょうの味によってはしょうゆで味を加減してください。

梅干しを使って　89

梅とんかつ

材料　2人分
豚しょうが焼き用肉＿8枚
しその葉＿8枚
梅干し＿1個
小麦粉、溶き卵、パン粉
　＿各適量
揚げ油＿適量

作り方
1　梅干しは種を除いて果肉をたたく。しその葉は半分に切る。
2　肉を一枚ずつ広げてしそをのせ、梅肉を薄くぬって、端からくるくると巻く。
3　小麦粉、溶き卵、パン粉の順に衣をつけ、170度の油で揚げる。

memo
梅しそのほか、梅ねぎ、梅みょうがの組み合わせでも作ります。梅とんかつはたっぷりと揚げておいて、翌日の娘のお弁当のおかずは梅かつ煮に。つゆでさっと煮て卵でとじます。

豚かたまり肉の梅蒸し

材料　3、4人分
豚かたまり肉__400g
塩__小さじ½
酒__大さじ1
梅干し__2個
白髪ねぎ__適量

作り方
1. 豚肉に塩を擦り込み、深さのある耐熱の容器に入れ、酒をふりかけ、梅干しを軽くつぶしてのせ、蒸気のあがった蒸し器に入れる。
2. 中火で30分蒸しあげる。
3. 切り分け、器に盛りつけ、肉から出た汁を適量かけて、白髪ねぎと蒸した梅干しを添える。

memo
蒸しあがってふっくらとふくらんだ梅もまたおいしいのです。梅干しをくずしながら肉と一緒に食べます。豚肉の部位はお好みで。撮影時は肩ロースを使いました。

●煎り酒

材料と作り方　作りやすい分量

1. 梅干し1個、酒1カップを鍋に入れ、中火にかけ、ふつふつしてたら弱火にして10分煮だす。
2. けずりぶしひとつかみを合わせてさらに5分煮て、漉す。

memo
保存容器に入れて、冷蔵庫で2週間ほど保存可。おひたしのほか、白身魚やいかの刺身につけて食べても美味。

煎り酒で作るおひたし

材料　2人分
ブロッコリー＿¼個
豆苗＿1パック
ほうれんそう＿4株
煎り酒＿大さじ1～2

作り方

1. ブロッコリー、豆苗、ほうれんそうをそれぞれゆでて、冷水にとって色止めし、食べやすく切る。煎り酒を合わせて和える。

梅冷汁

材料 2人分
おくら＿3本
長いも＿5センチ
わかめ（戻したもの）＿30g
梅干し＿1個
だし＿2カップ
塩、薄口しょうゆ＿各少々

作り方

1. だしに梅干しを潰して入れ、1時間おく。弱火で10分ほど煮出し、味をみて塩と薄口しょうゆでやや控えめに味をつけ、あら熱がとれたら冷蔵庫で冷やす。
2. おくらは塩（分量外）で板ずりしてからゆで、細かくたたく。長いもは1センチ角に切り、わかめは食べやすく切る。
3. 器に冷やした汁をはり、2を合わせる。混ぜて食べる。

memo
梅を煮出しただしは多めに作りおきして、レシピのような汁もののほか、雑炊や麺と合わせてもおいしいです。冷汁の具はほかに豆腐、きゅうり、トマト、青菜などもおすすめ。

梅炊き込みごはん

材料 2合分
米__2合
梅干し__1個

作り方
1. 米は研いでざるにあげ、普段通りの浸水、水加減にする。
2. 梅干しを入れ、炊く。
3. 軽く混ぜる。

memo
夏場のお弁当のごはん用に梅干しを入れて炊いています。梅干しは防腐効果があるので、夏の料理には梅干しがかかせません。とはいってもレシピのごはんは梅の風味がする程度。梅のすっぱさは優しくなっています。梅の味を濃くしたい時には梅干しを増量してください。

●梅つゆ

材料と作り方　作りやすい分量
鍋に1リットルのだしと、梅干しの種5〜6個を合わせて弱火で15分煮出す。

memo
夏場は必ずこの梅つゆがスタンバイ。そうめんやうどんのつゆとして重宝しています。レシピは梅干しの種を使っています。梅肉を使ったあとの種を保存しておき、たまったら梅つゆを作ります。種からもよく味が出ますので、種もおおいに活用します。このつゆをベースにしょうゆやみりんで味を調整、汁麺の時は控えめに、つゆ麺の時は少し濃いめに味をつけます。保存容器に入れ、冷蔵庫で2〜3日保存可。

梅つゆそば

材料　2人分
細いうどん＿＿200g
梅干し＿＿2個
とろろ昆布、甘酢しょうが＿＿各適量
梅つゆ＿＿適量
しょうゆ、みりん＿＿各適量

作り方

1. 麺をゆで、冷水でよく洗い、水気をきる。
2. 梅つゆに梅干しを合わせて温め、味をみてからしょうゆとみりんで味をととのえる。
3. 2のつゆにゆでた麺をいれてひと煮して温め、器に盛りつける。
4. 梅干し、とろろ昆布、甘酢しょうがをあしらう。

柑橘類を使った すっぱい料理

なんといってもフレッシュな酸味と香りが特徴的な柑橘類。

普段の料理にちょっと足すだけでも、
さわやかな香りとともに、きゅっと味をひきしめる効果が。

甘い橙(だいだい)や、すっぱいレモン・ライムなど、
あらゆる料理に合わせられる種類の豊富さもうれしい食材。

もし柑橘類が手に入らなければビネガーと酢でも代用できますよ。

近所には柑橘類の植物を育てている人も多く、
より身近な存在になってきたと実感しています。

アボカドレモン

材料 作りやすい分量
アボカド__1個
キウイフルーツ__1個
モッツァレラチーズ__1個
レモン__1/2個
塩、黒こしょう、
　オリーブオイル__各適量

作り方
1. アボカドは種と皮を除いて一口大に切り、レモン汁をかけておく。
2. キウイフルーツ、モッツァレラチーズも同様に切る。
3. 器に1、2を盛りつけ、塩、こしょうをふり、オリーブオイルのまわしかける。

memo
アボカドは切ってからしばらくおくと黒く変色してきますが、レモンなどの柑橘をしぼっておくと、色が変わりません。

水菜としいたけのレモンじょうゆ

材料 2人分
しいたけ＿5枚
水菜(生食可能なもの)＿1株
レモン＿¼個
しょうゆ＿適量

作り方
1. しいたけは軸を除いて、塩(分量外)を軽く振って、グリルパンか網、フライパンでこんがりと香ばしく焼く。2、3等分のそぎ切りにする。
2. 水菜は4センチの長さに切る。
3. 器に1、2を盛りつけ、レモンをしぼり、しょうゆをまわしかけ、混ぜて食べる。

memo
シンプルにレモンとしょうゆだけの味つけですが、しいたけのうまみと香りによく合います。

柑橘類を使って

タイ風春雨サラダ

材料　2、3人分
豚ひき肉＿＿100g
むきえび＿＿中8尾
春雨(緑豆)＿＿50g
A｜紫たまねぎ＿＿1/4個(薄切り)
　｜セロリ＿＿1/3本(千切り)
　｜香菜＿＿2株(ざく切り)
B｜ナンプラー＿＿大さじ1半
　｜砂糖＿＿大さじ1〜1半
　｜ライム、レモン＿＿各1/2個
　｜青唐がらし＿＿1本(小口切り)

作り方
1　えびは背わたを取り、片栗粉(分量外)をまぶしてよくからめ、水で洗い流して水気をきる。
2　湯をわかして、春雨をゆで、水気をきってボウルに入れる。長い場合ははさみで切る。同じゆで汁でえびをゆで、水気をきって春雨と合わせる。同じゆで汁でひき肉をゆでる。手つきのざるに入れ、そのまま湯に浸して箸でほぐしながらゆでるとやりやすい。春雨に合わせる。
3　2が温かいうちにAを合わせ、Bを加えて和える。温かいうちに食べる。

memo
春雨のサラダなので、冷たくしてもおいしいですが、和えたての温かいうちに食べると、ライムとレモンの酸味と香りがしっかりと味わえます。

生春巻き

材料　6本分
豚薄切り肉__6枚
生春巻きの皮__6枚
しそ__6枚
きゅうり__1本
春雨__30g
A　レモン汁__½個分
　　ナッツ__適量(粗く刻む)
　　ナンプラー__大さじ1
　　水__大さじ1
　　赤唐がらし
　　　__1〜2本(小口切り)

作り方
1. 豚肉はゆがいてペーパーにのせて水気をきる。
2. しそは縦半分に、春雨はゆでて水にとって洗い、水気をきる。きゅうりは千切りにする。
3. 生春巻きの皮に霧吹きで水を吹きつける。またはぬれた布巾ではさんで、包めるくらいにやわらかくする。
4. 1、2をのせて、両端を巻き込みながら、きつく包む。
5. Aを合わせてたれを作り、生春巻きをつけて食べる。

memo
生春巻きの具はお好みで。ゆでたえびやひき肉も合いますし、野菜はレタスやねぎ類もおすすめです。たれはレモンのほか、ライムでも。砂糖を加えて甘酸っぱくしてもいいです。

きんかんとかぶのサラダ

材料　2、3人分
かぶ＿3個
きんかん＿8個
塩＿適量
白こしょう＿少々
白ワインビネガー＿小さじ½
オリーブオイル＿大さじ1

作り方
1　きんかんは四等分に切り、種は取る。かぶは皮をむいてくし形に六等分に切り、塩小さじ⅓をまぶして混ぜ、10分おく。
2　かぶの水気をふき取り、きんかんと合わせ、塩ひとつまみ、白こしょう、白ワインビネガー、オリーブオイルを加えて和える。

memo
かぶは柑橘類とよく合う食材。きんかんのほか、レモンやオレンジなどとの組み合わせもよく作ります。きんかんは種が多いので、種取りに時間がかかりますが、口の中に残るよりは先に取っておいたほうが後味がよいです。

オレンジと柿とにんじんのサラダ

材料 3、4人分
オレンジ__1個
柿__½個
にんじん__1本
塩__ふたつまみ
白ワインビネガー__小さじ½

作り方
1. オレンジは皮をむいて薄皮をむき実を取り出す、または包丁で切り出す。
2. 柿は皮をむいて一口大に切る。
3. にんじんは皮をむいてピーラーで薄く長く削る。
4. 1、2、3をボウルに入れ、塩ふたつまみ、ビネガーを合わせて混ぜ、冷蔵庫で30分ほど冷やす。

memo
甘いにんじんに甘い柿とオレンジの組み合わせ。オレンジの酸味をたたせるためにほんの少しビネガーを加えます。

豆ゆず和え

材料 2、3人分
生ハム＿3枚
A｜大豆(水煮)＿1カップ
　｜紫たまねぎ
　｜　＿¼個(みじん切り)
　｜イタリアンパセリ
　｜　＿大さじ1(粗く刻む)
　｜塩＿小さじ⅓
　｜オリーブオイル＿大さじ1
花ゆず(または黄ゆず)＿2個

作り方
1　生ハムは粗く刻む。
2　1とAを加えて和えてから、ゆずをしぼる。
3　30分ほどおいて味をなじませる。

memo
赤たまねぎは酸味と合わせておくと、辛味がぬけます。花ゆずは小さいながらとても果汁が出る柑橘です。豆は大豆のほか、ひよこ豆やレンズ豆をゆでたものでもおいしくできます。

蒸し鶏とセロリ、じゃがいもの レモンマリネ

材料 2、3人分
鶏ささみ__2本
セロリ__茎だけ1本(千切り)
じゃがいも(メイクイン)__1個
A | 薄口しょうゆ(またはナンプラー)
　　__小さじ½
　| レモン__½個
　| ごま油__大さじ1
塩__小さじ½

作り方
1. 鶏ささみは筋を取り、水½カップと合わせて鍋に入れ、火にかける。ふつふつしてきたらふたをして火を止めてそのまま冷ます。
2. じゃがいもは縦長にスライサーで薄く切り出してから重ねて、長い千切りにし、さっとゆがいて水にとり水気をきる。
3. 鶏ささみは細かく裂く。
4. ボウルにささみを入れ、塩の半量を合わせて和える。ささみがぱさついていたらゆで汁を少し加えてしっとりとさせる。
5. 4、セロリ、水気をしぼったじゃがいもを合わせ、塩、Aを加えて和える。

memo
レモンの酸味とコクのあるごま油の組み合わせがやみつきに。ささみのほかにゆでた豚しゃぶ肉やえび、いかでも作ります。

生マッシュルームといんげんの
グレープフルーツ和え

材料 2、3人分
グレープフルーツ__1個
生マッシュルーム__4個
いんげん__6本
塩__小さじ½
白バルサミコ酢__少々
黒こしょう、オリーブオイル
　__各適量

作り方
1　グレープフルーツは皮をむいて実を切り出す。残った皮の部分をしぼって果汁をボウルに入れる。
2　生マッシュルームは薄切りにし、1の果汁と塩を合わせて和える。
3　いんげんはゆでて、食べやすく切る。
4　食べる直前に2、3、白バルサミコ酢を合わせ、器に盛りつけ、黒こしょうをふり、オリーブオイルをまわしかける。

memo
いんげんは酸味と合わせてしばらくおくと色が落ちるので、食べる直前に和えるのがポイントです。白バルサミコ酢はなければ、白ワインビネガーなどで代用します。

●ポン酢

材料と作り方
しょうゆ1：橙（だいだい）のしぼり汁2　プラス好みでだしで割る。
橙一種でもいいし、ゆずの絞り汁とミックスしてもいい。しょうゆと柑橘を合わせたら、味見をして濃い場合はだしで割る。煮沸消毒した瓶に詰め、冷蔵庫で1ヶ月保存可。だしはその都度加える。

memo
橙で作るポン酢は酸味がやわらかく、優しい味。この味を知ってしまうとなかなか市販のものに手が出ません。冬の間は橙のしぼりたてで作るポン酢が主役となる料理が多くなります。

焼きなす　手作りポン酢かけ

材料　2人分
なす__3本
だいこん__5センチ（皮ごとおろす）
しょうが__少々（おろす）
万能ねぎ__少々（小口切り）
ポン酢__適量

作り方

1. なすは皮に縦に切れ込みを2～3本いれて網焼きし、皮がこんがりと焼けたらむく。熱くてむけない時は一瞬水に取ってもよいが、つけすぎると水っぽくなるので注意。
2. 食べやすく切り、器に盛り、軽く水気をきっただいこんおろし、おろししょうが、万能ねぎをあしらいポン酢をかける。

柑橘類を使って

たこのセビーチェ

材料 2、3人分
たこ__足1本(150gくらい)
香菜__1束
トマト__1個
赤たまねぎ__1/4個
ピーマン__1個
セロリ__1/3本
ライム__1個
青唐がらし__1〜2本
塩__小さじ1/2〜1
オリーブオイル__大さじ2

作り方

1. たこはひと口大に切り、青唐がらしは小口切り、辛味が苦手な場合は種をはずす。香菜はざく切り、トマトは2センチ角くらい、ほかの材料は1センチ角くらいの大きさに切る。
2. 始めにたこと塩、ライムのしぼり汁を合わせて和えてから、1の残りと、オリーブオイルを合わせて混ぜ、20分ほど冷蔵庫で冷やしながら味をなじませる。

memo
たこの塩気がいろいろあるので、味見をしてから塩の分量を決めてください。すべて和えてから塩を足して調整してもOKです。辛味がもっとほしい時には青唐がらしを増量したり、タバスコをふります。

ほたてとパプリカのカルパッチョ

材料 2、3人分
ほたて(刺身)__3個
パプリカ(赤・黄)__各½個
レモン__¼個
塩__ふたつまみ
オリーブオイル__大さじ2
イタリアンパセリ
　__適量(粗く刻む)

作り方
1. パプリカは皮をグリルや網焼きしてこんがりと焼き、こがした皮をむいて一口大にそぎ切りにする。
2. ほたては三等分くらいに薄く切る。
3. 1、2を器に盛りつけ、塩をふり、レモンを添え、オリーブオイルをまわしかけてイタリアンパセリを散らす。

memo
ほたてのほか、ゆでたえびやいか、白身魚の刺身を薄く切って盛りつけても合います。

すだちおろし鍋
〆は豆乳黒酢豆腐

材料　2人分

豚バラ薄切り肉__200g
レタス__1/2個
だいこん__1/3本(皮ごとおろす)
だし__4、5カップ
塩__小さじ1
薄口しょうゆ(またはナンプラー)
　__小さじ2
すだち__適量

絹ごし豆腐__1丁
豆乳__1カップ
黒酢__大さじ1
万能ねぎ__適量(小口切り)

作り方

1. レタスは大きく千切る。豆腐は水切りしておく。
2. 鍋にだしを温め、塩と薄口しょうゆで味をつけて、レタスと豚肉を入れ、軽く水切りしただいこんおろしをたっぷりとのせてさっと温めて食べる。好みですだちをしぼる。一度に具材が入らない場合は入れながら煮て食べる。
3. 食べ終わったら、残っただしに豆乳を合わせて静かに温める。ぐらぐらと煮ると分離するので注意。豆腐を入れて温め、黒酢を合わせる。汁ごと豆腐をすくって万能ねぎを合わせて食べる。好みでラー油などをたらして食べてもいい。

memo
汁に味をつけて、肉や野菜をくぐらせて火が通ったところにたっぷりとすだちをしぼって食べます。締めは残り汁に豆乳を合わせて豆腐を温め食べます。黒酢を加えるとぐっと豆腐も豆乳の味もしまり、汁が一滴も残らないすだちと黒酢、ふたつのすっぱいが楽しめる鍋です。

柑橘類を使って

牡蠣ゆず蒸し

材料　2、3人分
牡蠣(生食用)＿12個
黄ゆず＿1/2個(輪切り)
酒、オリーブオイル
　＿各大さじ1

作り方
1　牡蠣は塩水(分量外)でふり洗いしてよく汚れをとってペーパーにのせ、水気をきる。
2　厚手の鍋に牡蠣を並べ、酒とオリーブオイルをまわしかけ、黄ゆずを上において、ふたをして中火にかけて7〜8分加熱する。

memo
ゆずの効果で癖のある牡蠣もさっぱりと蒸しあがります。レモン蒸しは苦味が気になるときもあって、ゆずが手に入る時にはゆずを蒸し物に使います。牡蠣の塩気だけで十分なので材料に塩みのものを記していませんが、味をみて足りない時には、好みで塩やしょうゆで味つけしてください。

たらのレモンバター焼き

材料 2人分
たら＿＿2切れ
モロッコいんげん＿＿2本
えのきだけ＿＿50g
塩＿＿小さじ½
バター＿＿適量
レモンスライス＿＿2枚

作り方
1. たらは塩ふって10分ほどおき、表面の水気をふく。
2. モロッコいんげんは食べやすい長さに切る。えのきだけは半分の長さに切る。
3. ホイルを25センチの長さくらいに切り、真ん中に魚一切れをおき、モロッコいんげん1本分、えのきの半量をのせ、バター小さじ2とレモンをのせ、包む。もうひとつ同様に作る。
4. フライパンに3を並べてのせ、水¼カップを入れてふたをし、中火にかけて12〜13分蒸し焼きにする。

memo
レモンによっては皮から苦味が出ることもあるので、皮を取って加えてください。撮影時はたらを使いましたが、ほかの白身魚を使い、季節の野菜と合わせて作っても。

鶏手羽のオーブン焼き

材料 2、3人分
鶏手羽中＿10〜12本
レモン＿2個
A｜にんにく、しょうが
　＿各大ひとかけ（すりおろし）
　ナンプラー＿¼カップ
　塩＿小さじ½
B｜はちみつ＿大さじ2
　しょうゆ＿大さじ1

作り方
1. 鶏手羽中は骨に沿って切れ目を入れる。
2. レモン1個のしぼり汁にAを合わせて、肉を揉み込み、冷蔵庫に一晩おく。途中で何度か返して、味を含める。
3. 200度に温めたオーブンに切ったレモン1個とともに皮を上にして鶏を入れ、15分焼く。
4. Bを混ぜたものを皮に刷毛でさっと塗り、さらに5分焼く。
5. もう一度Bを塗って5分焼く。

memo
レモン汁の入ったたれに鶏肉を漬け込むことで肉がやわらかく焼きあがります。焼きあがりにはちみつしょうゆを塗ると照りと焼き色がつきます。塗りすぎると、たれが鉄板に落ちてこげの原因になるので、注意します。刷毛がない場合はスプーンの背などで塗ります。

焼きタン

材料　2、3人分

牛タン__5、6枚(厚切り)
A｜たまねぎ__1/2個(みじん切り)
　｜長ねぎ__1本(みじん切り)
にんにく__ひとかけ(すりおろし)
塩__適量
白ごま__大さじ1
レモン__1/4個

作り方

1. 牛タンに塩小さじ1/2とにんにくをよくなじませる。
2. フライパンを熱して油なしで1をこんがりと焼いて取り出す。
3. 同じフライパンにAを入れて炒める。牛タンから油が出なければ、オリーブオイル(分量外)を少し加えて炒める。
4. 全体にしんなりとしてきたら塩小さじ1/4、白ごまを加えて軽く炒め、牛タンを戻してよくからめて盛りつける。レモンをしぼってかける。

memo
牛タンはレモンをたっぷりとしぼることで、タン独特の香りや味、脂っこさも取れて食べやすくなります。撮影時はやや厚めのものを使いましたが、薄切りでも同じように作ります。

焼肉のゆずねぎ三つ葉和え

材料　2、3人分
牛焼肉用肉＿200g
長ねぎ＿やわらかなもの1本
三つ葉＿1束
黄ゆずの皮＿適量
花ゆず(または黄ゆず)＿2個
塩＿適量
みりん＿大さじ2
しょうゆ＿大さじ1

作り方
1. 長ねぎは斜め薄切りにし、水にさらして辛味を取り水気をきる。三つ葉は3センチの長さに切る。黄ゆずの皮は千切りにする。
2. 牛肉は常温において脂が溶けたら、軽く塩をして油なしでフライパンで焼き、取り出す。
3. 同じフライパンにみりんを合わせて煮切り、しょうゆを合わせ、一煮立ちしたら肉を戻してからめる。
4. 3が熱いうちに1と和え、花ゆずをしぼり、塩で味をととのえる。

memo
ゆずの皮は薬味のひとつとして、たっぷりと切って合わせます。肉が熱いうちに野菜と合わせるとしんなりとして食べやすくなります。

トムヤムクン風スープ

材料　2、3人分

えび＿4尾
エシャロット＿1/2個(みじん切り)
しいたけ＿2枚(細切り)
しめじ＿1/4パック(ほぐす)
プチトマト＿4個(半切り)
油＿小さじ1
中華スープの素＿小さじ1
赤唐がらし＿1、2本
ナンプラー＿小さじ1
塩＿適量
香菜＿適量(ざく切り)
ライム＿1/4個

作り方

1. えびは殻をむき、背わたをとって2〜3等分に切る。
2. 鍋に油とエシャロットを入れ、中火にかけ、香ばしくなるまで炒める。
3. えび、きのこの順に加えて入れ、炒める。
4. 水2カップを入れて煮たて、味をみて中華スープの素と赤唐がらしを加える。
5. トマトを合わせナンプラーと塩で味をととのえ、器に盛りつけ、香菜をのせ、ライムをしぼって食べる。

memo
本格的な香辛料は入っていませんが、スープにライムをしぼれば、アジアの香りがして、タイ風になってしまう。ライムの力を強く感じます。エシャロットがない場合は、たまねぎで代用。

柑橘類を使って　117

● サルサソース

材料と作り方　作りやすい分量
1. トマト中玉2個は1センチ角、たまねぎ¼、ピーマン小1個はみじん切り、青唐がらし1本は小口切りにして、ボウルに合わせる。
2. レモン½個をしぼり、塩小さじ½を加えて混ぜ、20分ほどおいて味をなじませる。

memo
時間をおくと、トマトからうまみが出て、レモンの酸味とよく合います。保存容器に入れ、冷蔵庫で3日間ほど保存可。

鶏そぼろの
サルサソースのせうどん

材料　2人分

鶏ひき肉＿200g　　しょうゆ＿小さじ2〜3
うどん＿2玉　　　　サルサソース＿適量
酒＿大さじ1　　　　めんつゆ＿適量（P36参照）
砂糖＿小さじ1　　　ライム（またはレモン）＿¼個

作り方
1. 鶏ひき肉に酒、砂糖、しょうゆを合わせて弱めの中火にかけ、そぼろ状になるまで炒りつける。
2. うどんをゆで、水でしめて器に盛る。鶏そぼろをかけ、サルサソースをたっぷりとかけ、好みでめんつゆを少しかけ、好みでライムをしぼって食べる。

レモンクリームパスタ

材料 2人分
スパゲティ（太めのもの）__160g
レモン__1個半
生クリーム__½カップ
牛乳__¼カップ
塩__適量
オリーブオイル__大さじ1

作り方
1. レモン1個分の皮を削る。
2. スパゲティは塩を加えた湯で指定の時間ゆでる。
3. フライパンに生クリームと牛乳を合わせて火にかける。ふつふつしてきたら弱めの中火にし、レモン汁½個分を合わせて混ぜ、とろみがついてきたら、レモンの皮⅔くらいを合わせて一旦火を止めておく。
4. スパゲティがゆであがったら、3に合わせて火にかけながらよく和える。クリームの濃度が濃くなってしまったら、ゆで汁を加えて調整し、味をみて塩でととのえる。
5. 器に盛りつけ、オリーブオイルをまわしかけてレモンの皮⅓個を上にちらす。

---

memo
牛乳と生クリームにレモンを合わせると、とろみがつくのが面白いと言って、娘がよく作ってくれます。レモンの皮は散らしすぎると苦味が強くなる時がありますので、加減しながら削ります。

飛(ひ)
田(だ)
和(かず)
緒(を)

料理家。
夫、娘と海辺のまちに暮らす。
献立のうち必ず1品は
酢のものやマリネを作るほど、
すっぱいものが好き。
取り寄せて色々な味を楽しんでいる酢、
自身で作る梅干し、
近隣で穫れる柑橘などを使った
すっぱい料理を日々楽しんでいる。
著書は『私の保存食手帖』(扶桑社)、
『常備菜』(主婦と生活社)など多数。

すっぱい料理

2018年6月13日　第1刷発行

飛田和緒●著

ブックデザイン●茂木隆行
スタイリング●久保百合子
撮影●公文美和
編集●松本貴子

発行●株式会社産業編集センター
　　〒112-0011　東京都文京区千石4丁目39番17号
　　TEL 03-5395-6133　FAX 03-5395-5320

印刷・製本●株式会社シナノパブリッシングプレス

Ⓒ 2018 Kazuwo Hida in Japan ISBN978-4-86311-192-9　C0077

本書掲載の文章・写真を無断で転記することを禁じます。
乱丁・落丁本はお取り替えいたします。